JN211924

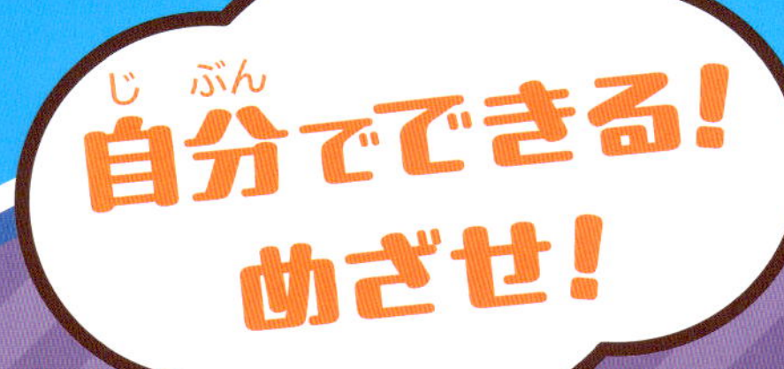

Google(グーグル) Workspace(ワークスペース) for(フォー) Education(エデュケーション) マスター

③

Google(グーグル)マップ™、
Google(グーグル)フォーム
ほか

監修 鈴谷大輔
埼玉県公立小学校教諭
NPO法人タイプティー代表

文 リブロワークス

絵 サナダシン

はじめに

現在の小学校では一人に１台、ノートパソコンやタブレットなどの端末が配られています。その端末で、Google Workspace for Education（以下、Google Workspace）というサービスを使って授業を進めている学校が多くあります。

「自分でできる！　めざせ！　Google Workspace for Education マスター」シリーズは、授業や学校生活で役立つ Google Workspace アプリの使い方について紹介します。

「③ Google マップ™、Google フォーム ほか」では、地図アプリやアンケートを取るアプリなど、さまざまなアプリを紹介します。友だちと交流したり、勉強方法を広げたりと、学校生活を豊かにするアプリばかりです。みなさんが使い始めるきっかけとなればうれしく思います。

つまずきやすい操作も、画面の写真と一緒に一つ一つやさしく解説しているので、この本を読めば、Google Workspace を使いこなせるようになるでしょう。

みなさんも、Google Workspace マスターをめざして練習しましょう！

もくじ

この本の使い方

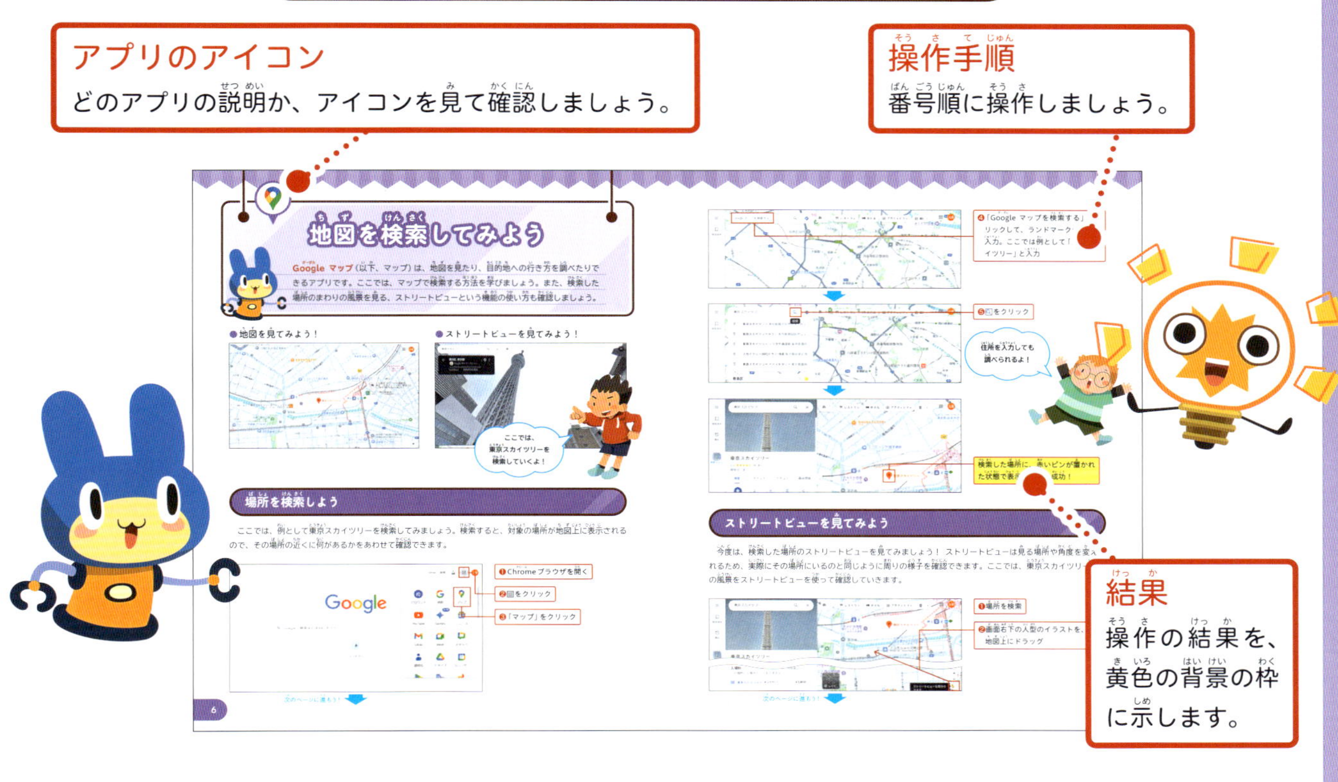

アプリのアイコン

どのアプリの説明か、アイコンを見て確認しましょう。

操作手順

番号順に操作しましょう。

結果

操作の結果を、黄色の背景の枠に示します。

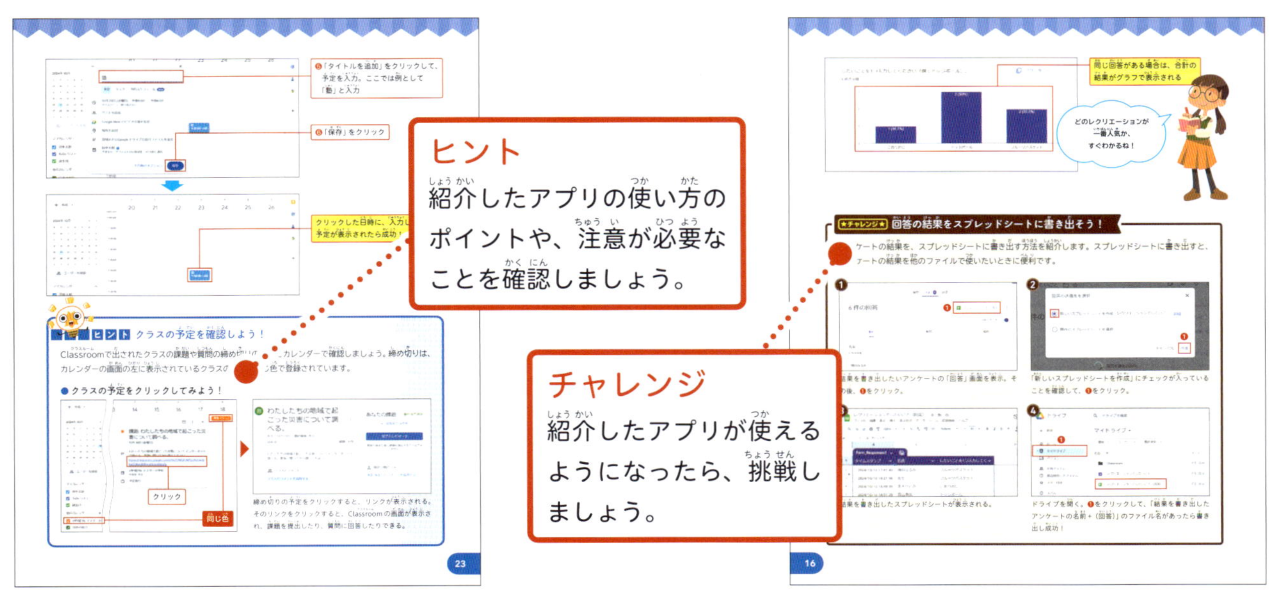

ヒント

紹介したアプリの使い方のポイントや、注意が必要なことを確認しましょう。

チャレンジ

紹介したアプリが使えるようになったら、挑戦しましょう。

本書に掲載した会社名、プログラム名、システム名、サービス名等は一般に各社の商標または登録商標です。
本文中では™、®は必ずしも明記していません。
本書の内容は、2024年12月時点のものです。
サービス・ソフトウェアのアップデートに伴い、変更されることがあります。

インターネットで検索しよう

インターネットはとても便利ですが、気をつけないといけないこともあります。インターネットとは何かを学び、どんなことに注意すればいいかを確認しましょう。また、インターネットで情報を検索する方法も学んでいきましょう！

インターネットについて知ろう

インターネットを使うと、世界中から集まったたくさんの情報の中から知りたいことを探したり、遠くにいる人とビデオ通話をしたりできます。ただし、インターネットでは誰でも簡単に情報を発信できるので、その情報が正しいかどうか見分ける力が必要です。見分ける方法には、同じ情報をインターネットだけでなく本などの他の方法を使って調べ、内容を照らし合わせる**クロスチェック**などがあります。

●インターネットを使うと、世界中の情報や人と繋がることができるよ！

インターネットで検索しよう

Google Chromeブラウザ（以下、Chromeブラウザ）を使うと、インターネットの情報を検索することができます。キーワードを入力して検索すると、そのキーワードに関連するWebページの一覧が表示されます。ここでは「東京スカイツリー」と検索して、検索結果のWebページを見てみましょう。

地図を検索してみよう

Google マップ（以下、マップ）は、地図を見たり、目的地への行き方を調べたりできるアプリです。ここでは、マップで検索する方法を学びましょう。また、検索した場所のまわりの風景を見る、ストリートビューという機能の使い方も確認しましょう。

● 地図を見てみよう！

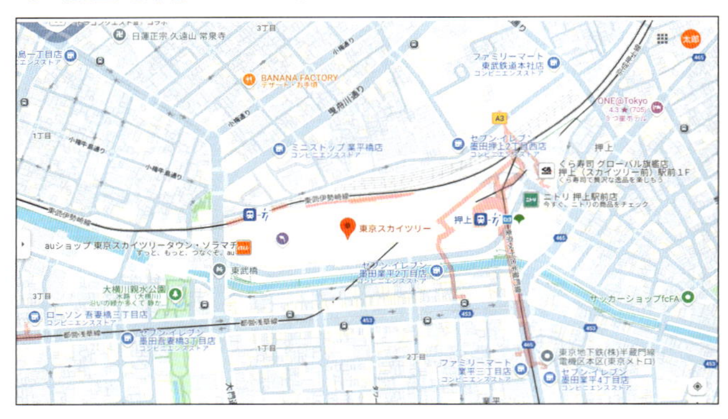

● ストリートビューを見てみよう！

場所を検索しよう

ここでは、例として東京スカイツリーを検索してみましょう。検索すると、対象の場所が地図上に表示されるので、その場所の近くに何があるかをあわせて確認できます。

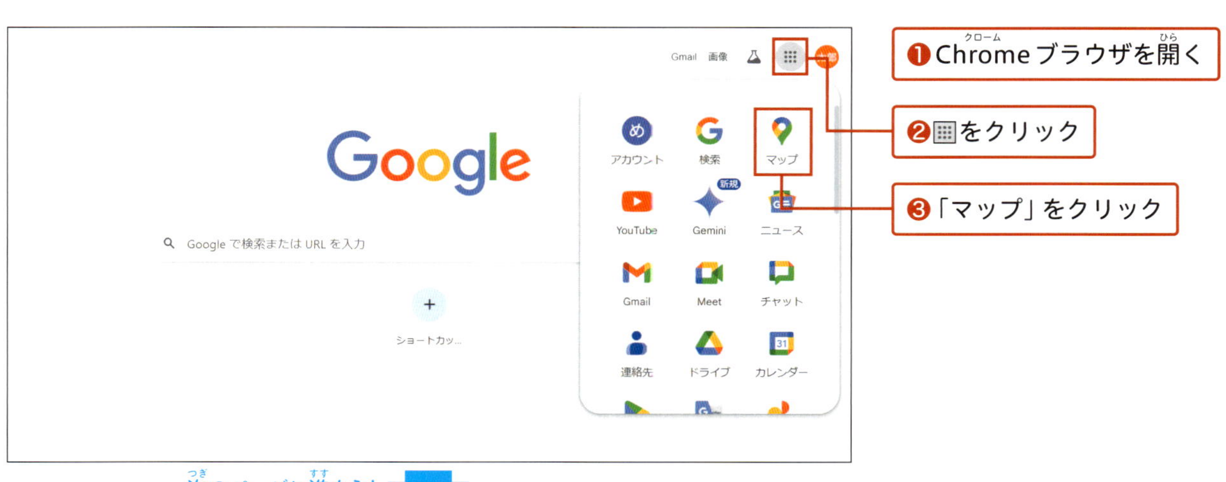

次のページに進もう！

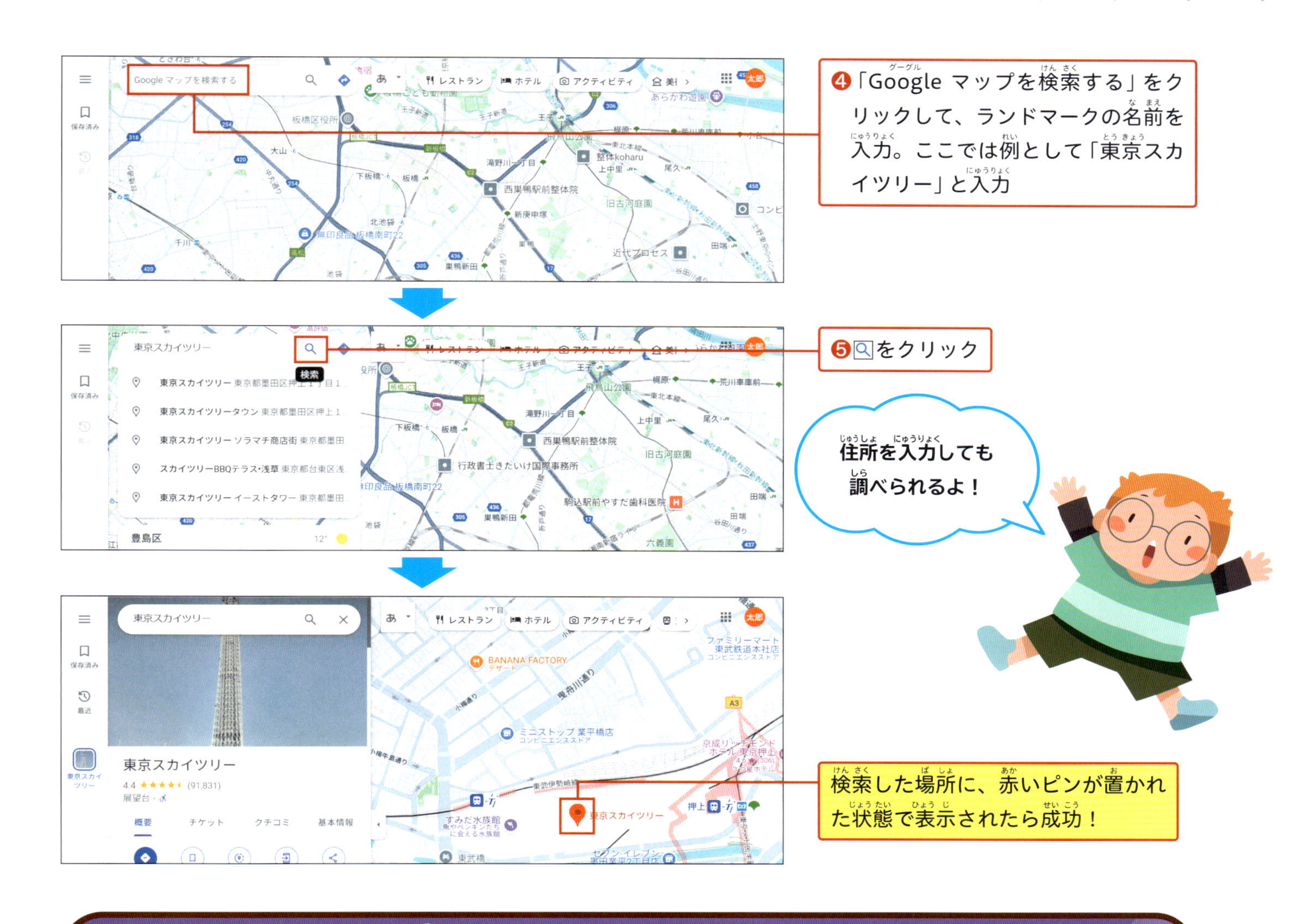

ストリートビューを見てみよう

今度は、検索した場所のストリートビューを見てみましょう！ ストリートビューは見る場所や角度を変えられるため、実際にその場所にいるのと同じように周りの様子を確認できます。ここでは、東京スカイツリー周辺の風景をストリートビューを使って確認していきます。

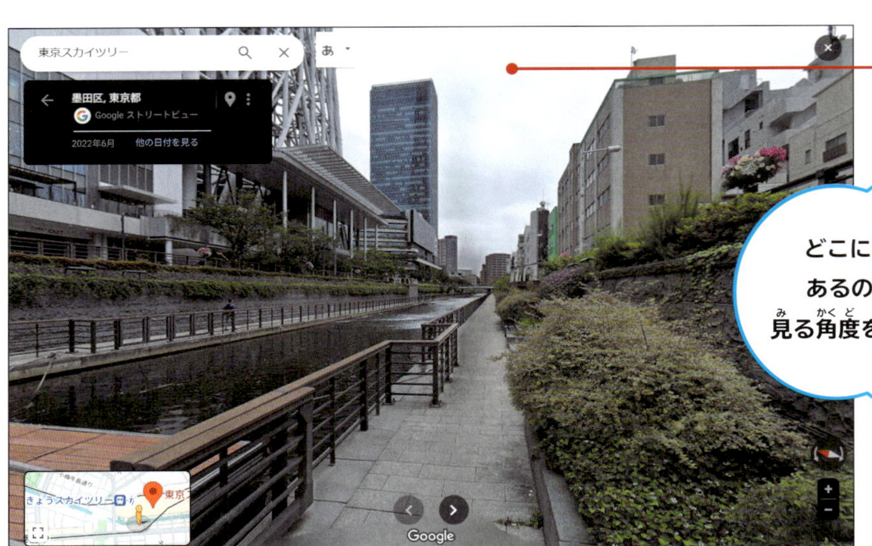

ストリートビューが表示されたら成功！

どこに東京スカイツリーがあるのかな？ 移動したり、見る角度を変えたりして探そう！

●ストリートビューで移動してみよう！

❶移動したい方向にポインターを置いて、矢印を表示させる

❷矢印をクリック

●ストリートビューで周りを見てみよう！

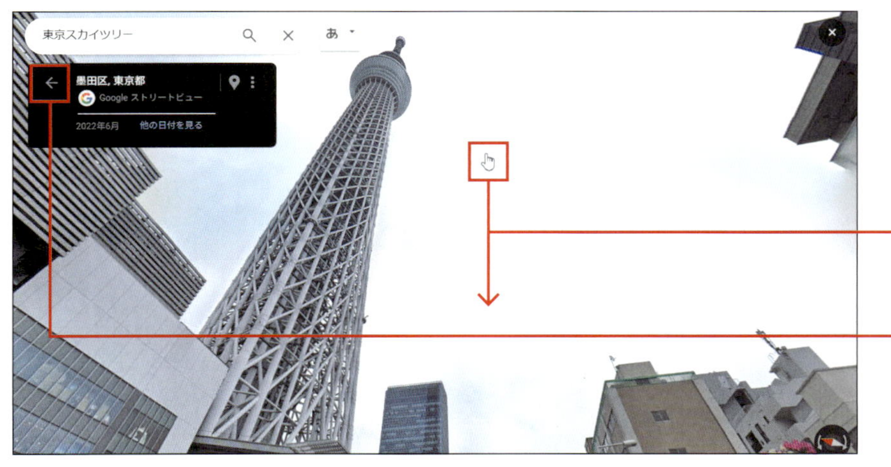

❶見たい方向にドラッグ

❷地図の画面に戻りたいときは、←をクリック

アンケートを取ろう

紙のアンケートでは結果を確認するのが大変ですが、**Google フォーム**（以下、フォーム）を使えばアンケートを行う作業や、結果を確認する作業が簡単に行えます。フォームを活用して、先生や友だちにアンケートを取ってみましょう！

● アンケートを作ろう！

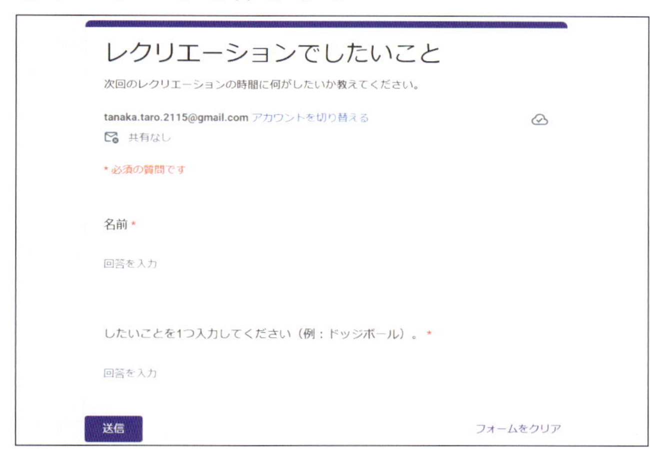

● アンケートの結果を見てみよう！

アンケートを作ろう

フォームを使うと、質問を入力したり、回答方法を選択したりするだけで、アンケートが簡単に作成できます。入力や選択が終わったら、作ったアンケートがどんなふうに表示されるのか確認しましょう。質問の内容が間違っていた場合の修正方法もあわせて紹介します。

● アンケートを作ろう！

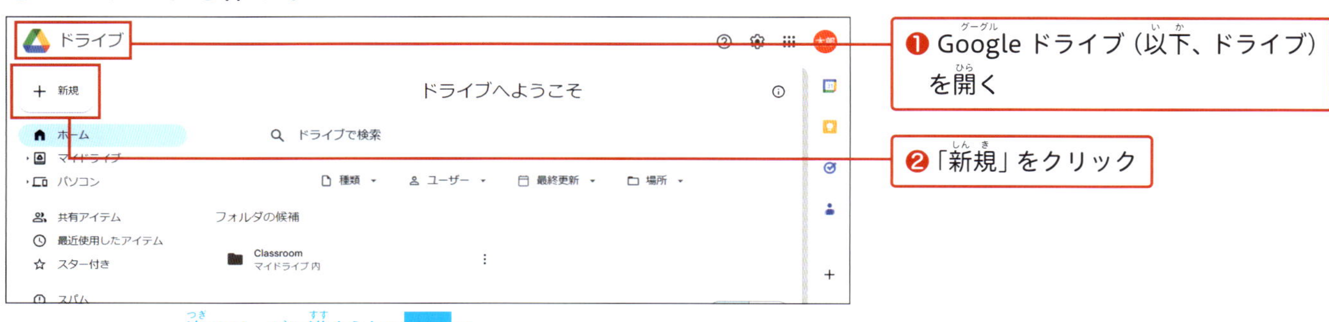

次のページに進もう！

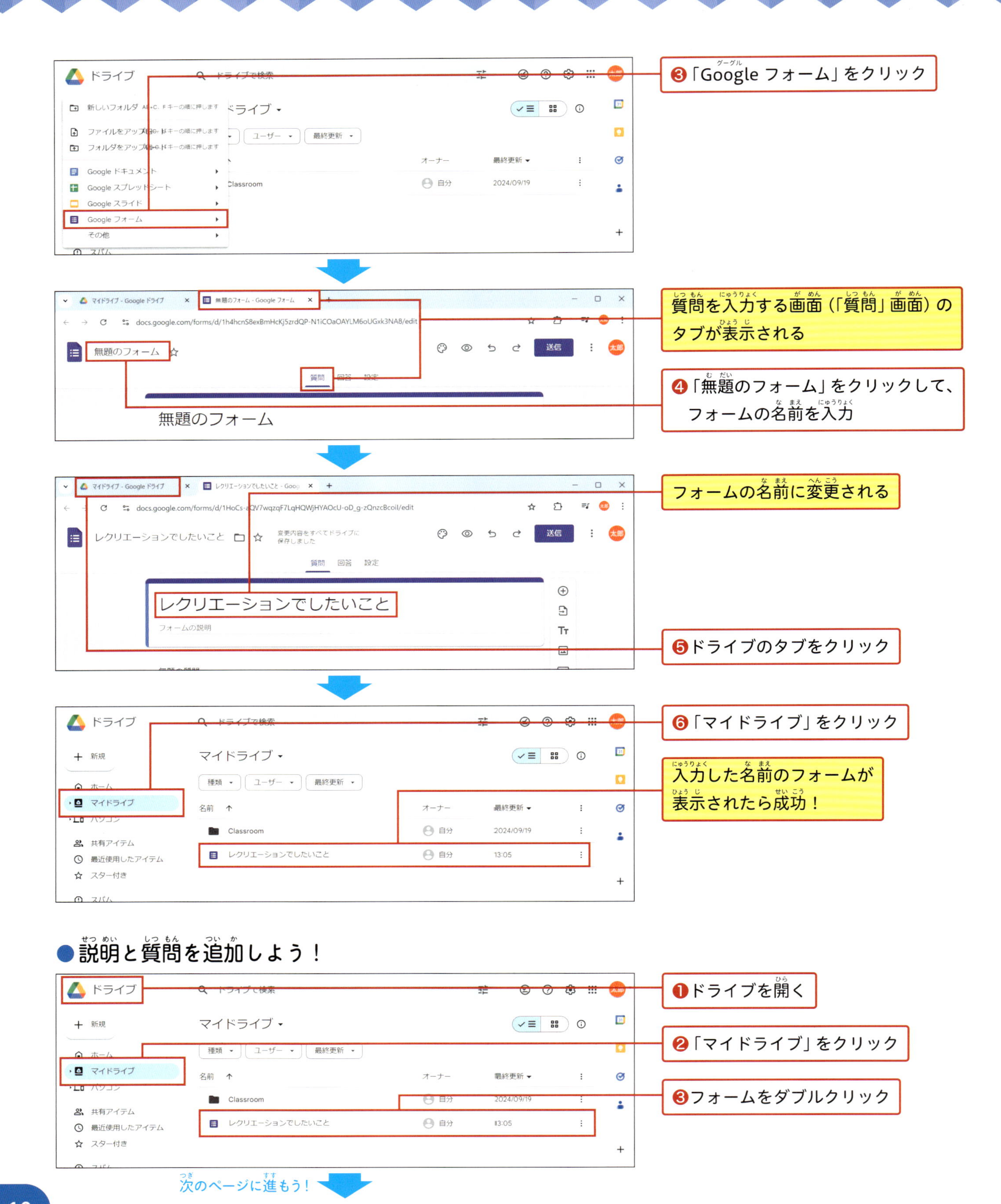

●説明と質問を追加しよう！

次のページに進もう！

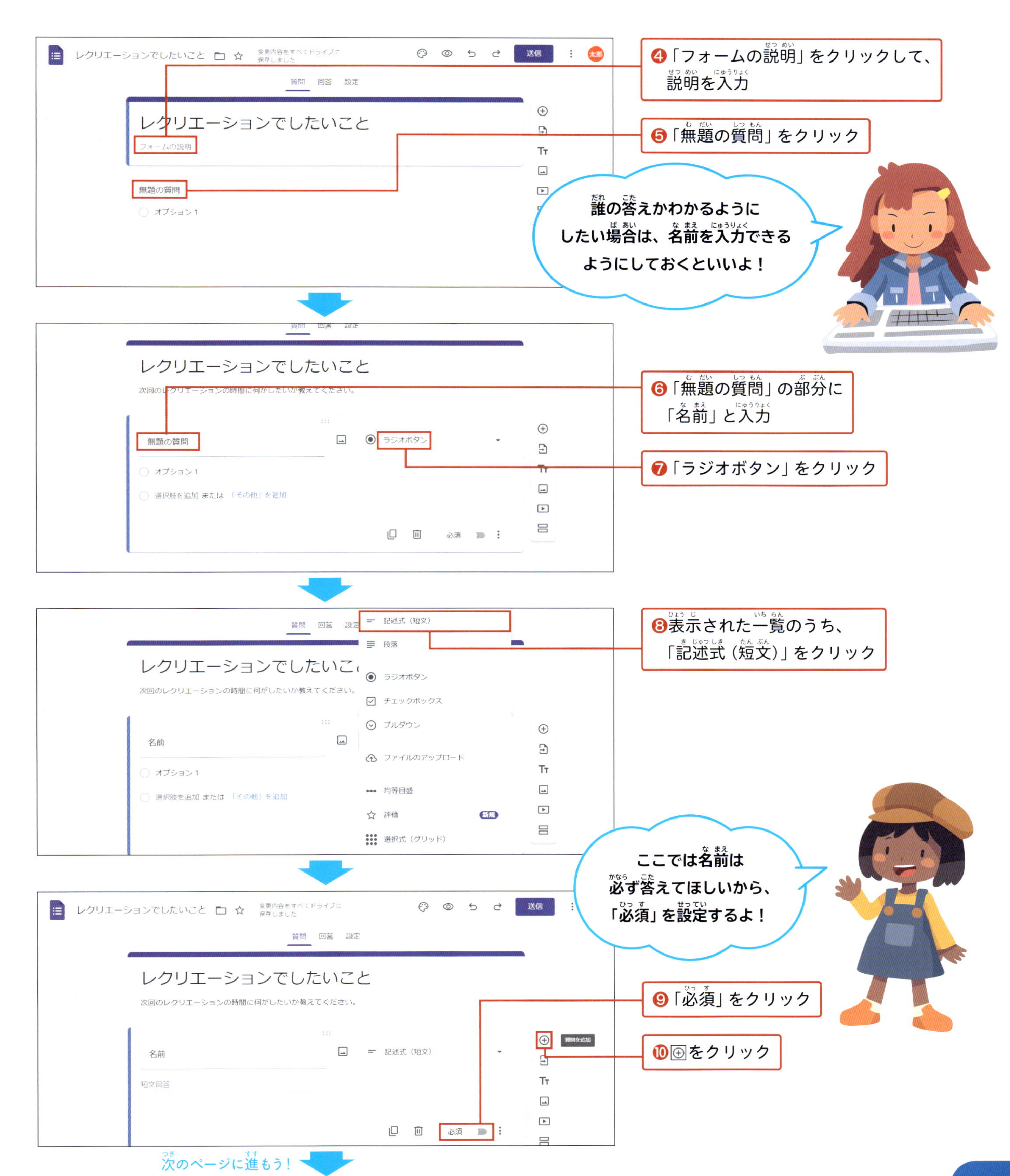
レクリエーションでしたいこと
フォームの説明
無題の質問
オプション1
❹「フォームの説明」をクリックして、説明を入力
❺「無題の質問」をクリック
誰の答えかわかるようにしたい場合は、名前を入力できるようにしておくといいよ！
次回のレクリエーションの時間に何がしたいか教えてください。
ラジオボタン
❻「無題の質問」の部分に「名前」と入力
❼「ラジオボタン」をクリック
記述式（短文）
段落
チェックボックス
プルダウン
ファイルのアップロード
均等目盛
評価
選択式（グリッド）
名前
❽表示された一覧のうち、「記述式（短文）」をクリック
ここでは名前は必ず答えてほしいから、「必須」を設定するよ！
短文回答
必須
❾「必須」をクリック
❿⊕をクリック
次のページに進もう！

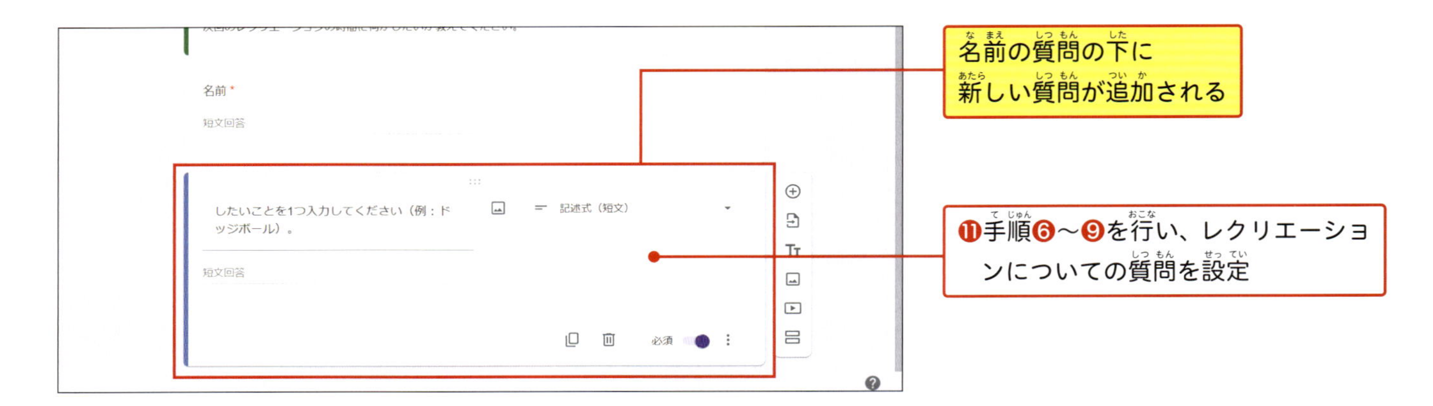

●作ったアンケートの回答ページを確認しよう！

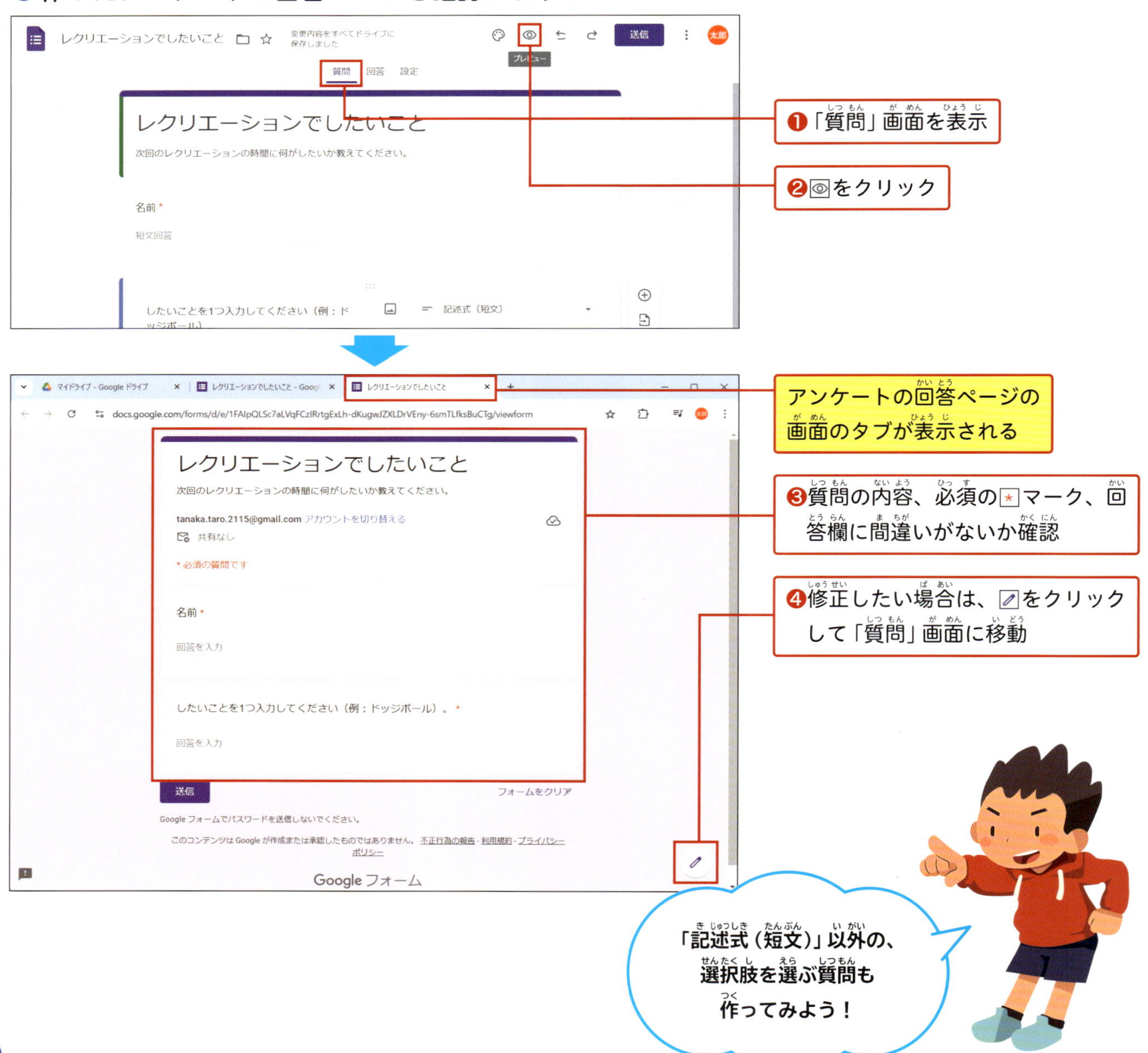

アンケートを送ろう

アンケートを作り終わったら、答えてほしい友だちにアンケートを送りましょう。ここでは、アンケートの**リンク**を Google Chat（以下、Chat）のスペースに送る方法を紹介します。友だちは、Chatで送られてきたリンクをクリックすることで、アンケートに答えることができます。

▶ タブレット（特にiPad）を使っているとき

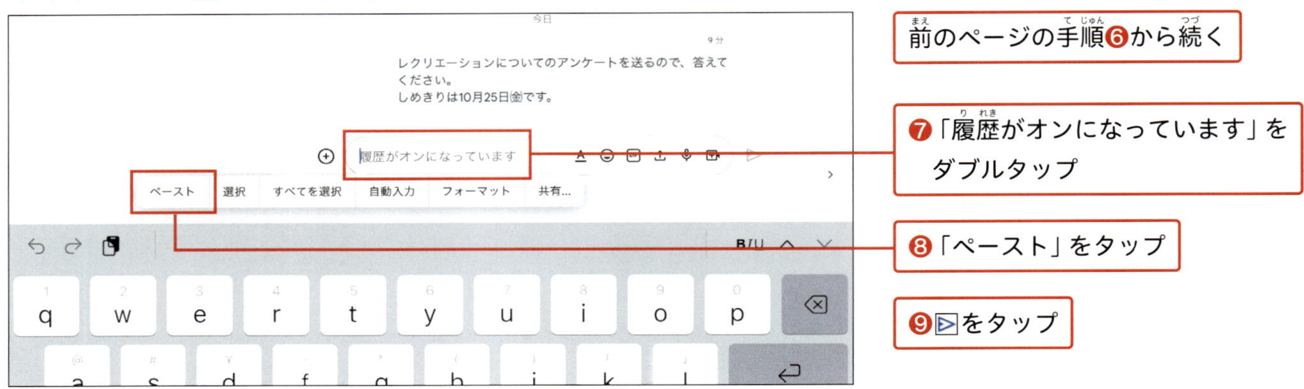

アンケートに答えよう

ここでは、Chatで送られてきたアンケートに答える方法を学びます。先生や友だちからアンケートのリンクが送られてきたら、すぐに答えられるように確認しておきましょう！

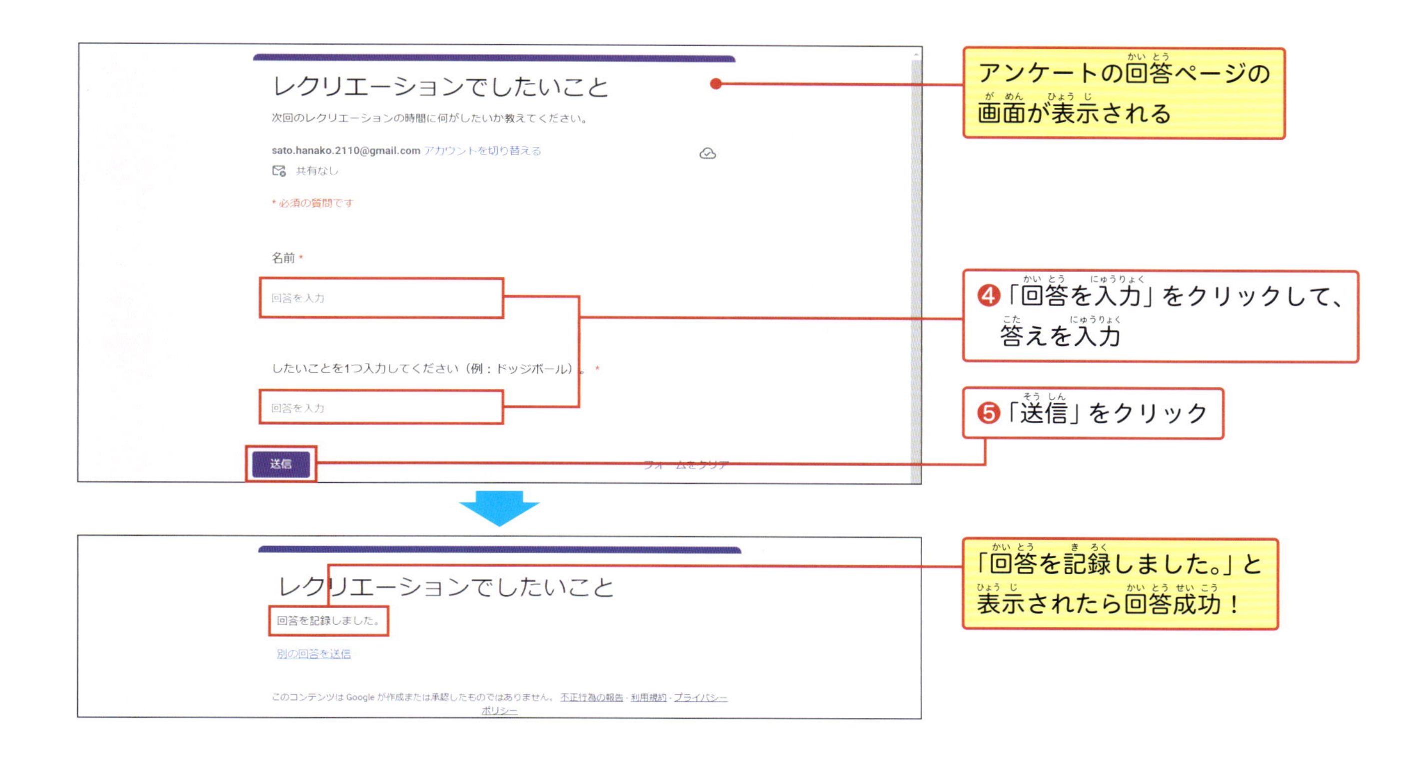

アンケートの結果を確認しよう

ここでは、アンケートの回答結果を確認してみましょう。フォームなら自分で回答をまとめなくても、簡単に結果を確認できます。

次のページに進もう！

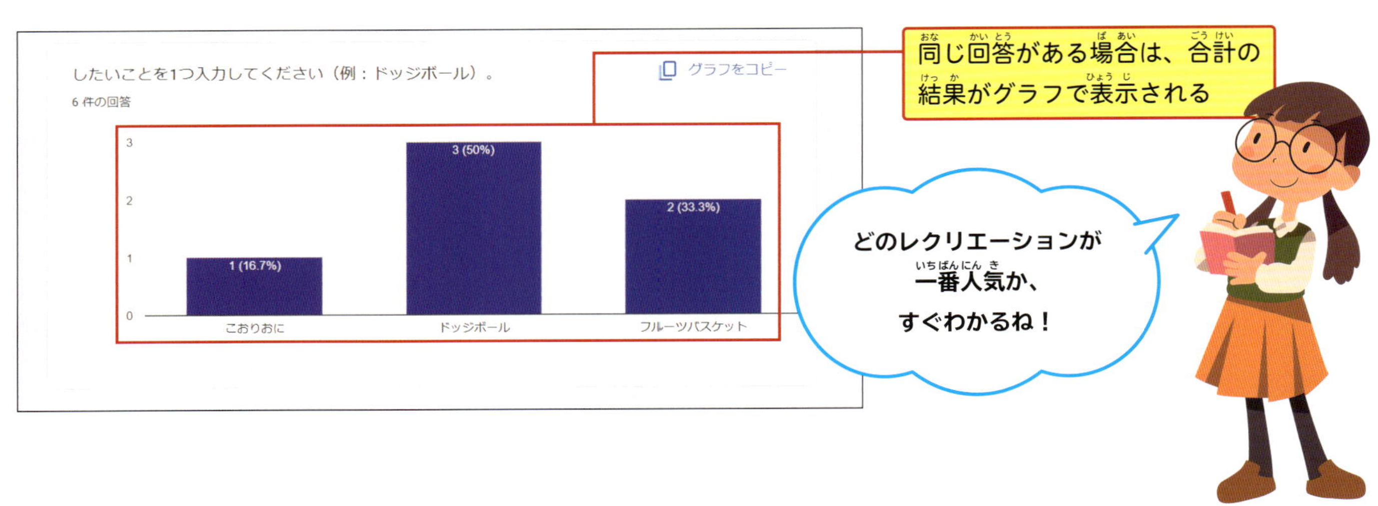

★チャレンジ★ 回答の結果をスプレッドシートに書き出そう！

アンケートの結果を、スプレッドシートに書き出す方法を紹介します。スプレッドシートに書き出すと、アンケートの結果を他のファイルで使いたいときに便利です。

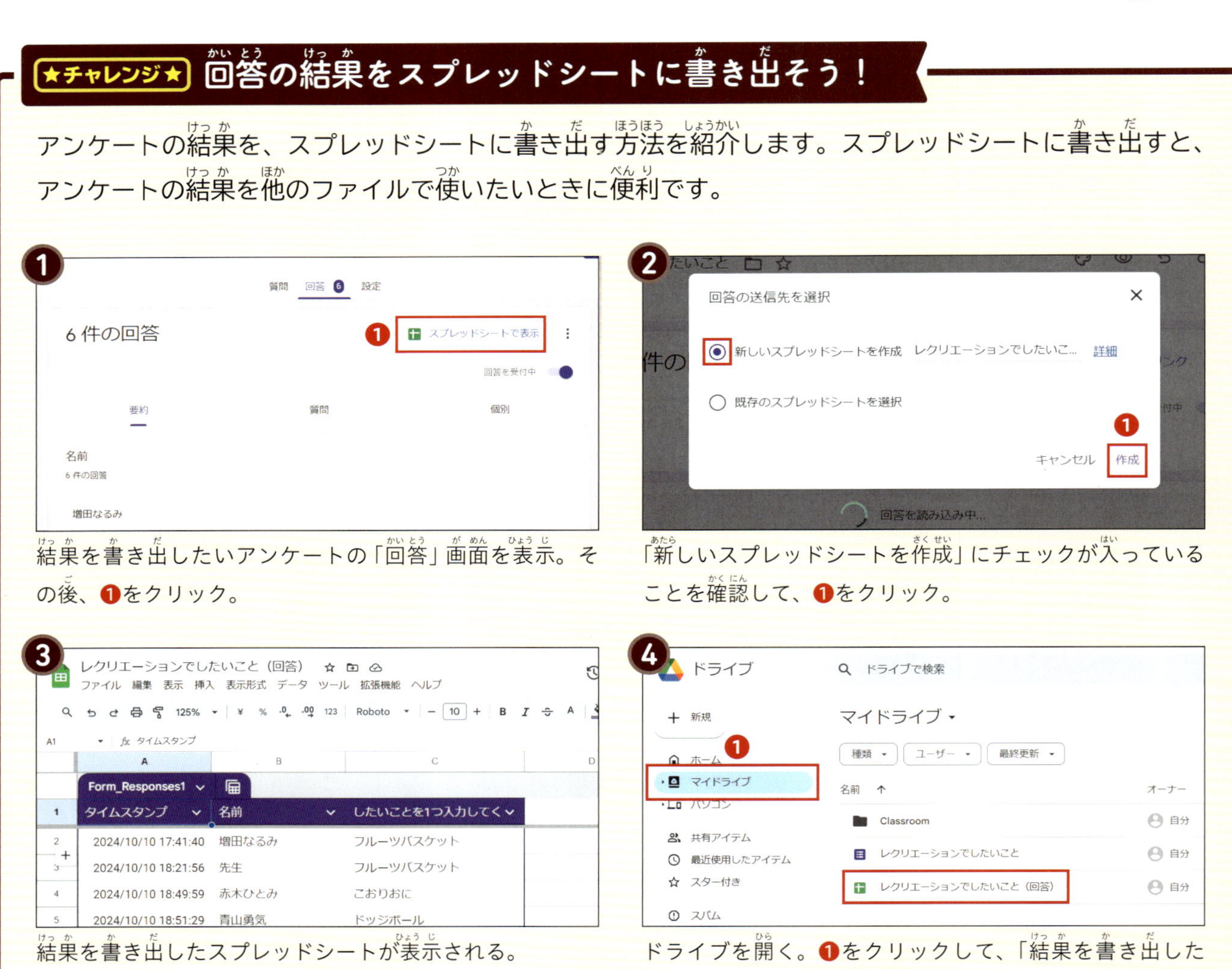

1. 結果を書き出したいアンケートの「回答」画面を表示。その後、❶をクリック。
2. 「新しいスプレッドシートを作成」にチェックが入っていることを確認して、❶をクリック。
3. 結果を書き出したスプレッドシートが表示される。
4. ドライブを開く。❶をクリックして、「結果を書き出したアンケートの名前＋（回答）」のファイル名があったら書き出し成功！

ビデオ会議を開こう

Google Meet（以下、Meet）は**ビデオ会議**を行うアプリです。ビデオ会議は、違う場所にいる相手と顔を見ながら話すことができます。ここでは、ビデオ会議を開く方法や、機能の使い方を紹介します。

Chatで会議を設定しよう

ここではChatのスペースにビデオ会議のリンクを送る方法を確認しましょう！ このリンクをクリックすると、会議に参加するためのWebページが表示され、Meetでビデオ会議を始めることができます。

Classroomのリンクから会議に参加しよう

みなさんや友だちが開いた会議はChatで送られてきたリンクから、先生が Google Classroom（以下、Classroom）を使って開いた会議はClassroomの会議のリンクから参加できます。ここではClassroomの会議のリンクから参加する方法を紹介します。

会議に参加する前に設定を確認しよう

会議では**ビデオ**と**マイク**を使います。会議中にみなさんの顔が映ったり、声が他の参加者に聞こえたりするように、参加する前に必ずビデオとマイクの確認をしましょう。

● 会議に参加する前に、ビデオとマイクの設定を確認しよう！

「参加をリクエスト」を
クリックする前に確認すること

● ビデオ・マイクがオンの状態のとき

ビデオもマイクも使える状態。きちんと顔が映っているか確認しよう。また、マイクが音を拾うと…が動くため、マイクに向かって話して、…が動くか確認しよう。

● ビデオ・マイクがオフの状態のとき

ビデオもマイクも使えない状態。マイクを使えるようにしたい場合は❶、ビデオを使えるようにしたい場合は❷をクリック。

● ビデオ・マイクの許可がオフの状態のとき

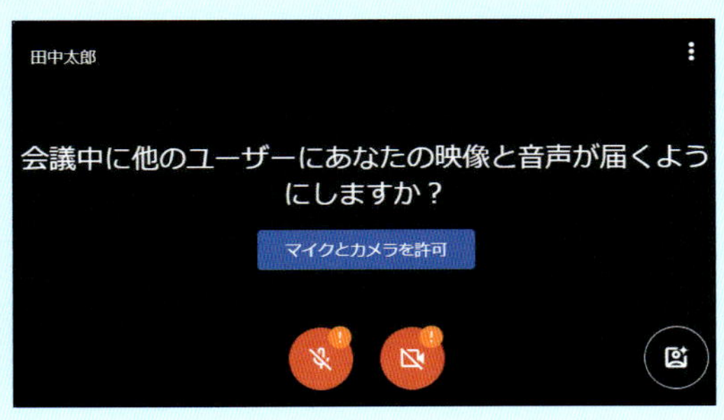

ビデオ・マイクの許可を
オンにする方法は、
次のページで確認しよう！

● ビデオ・マイクの許可をオンにする方法

▶ノートパソコン、Chromebookを使っているとき

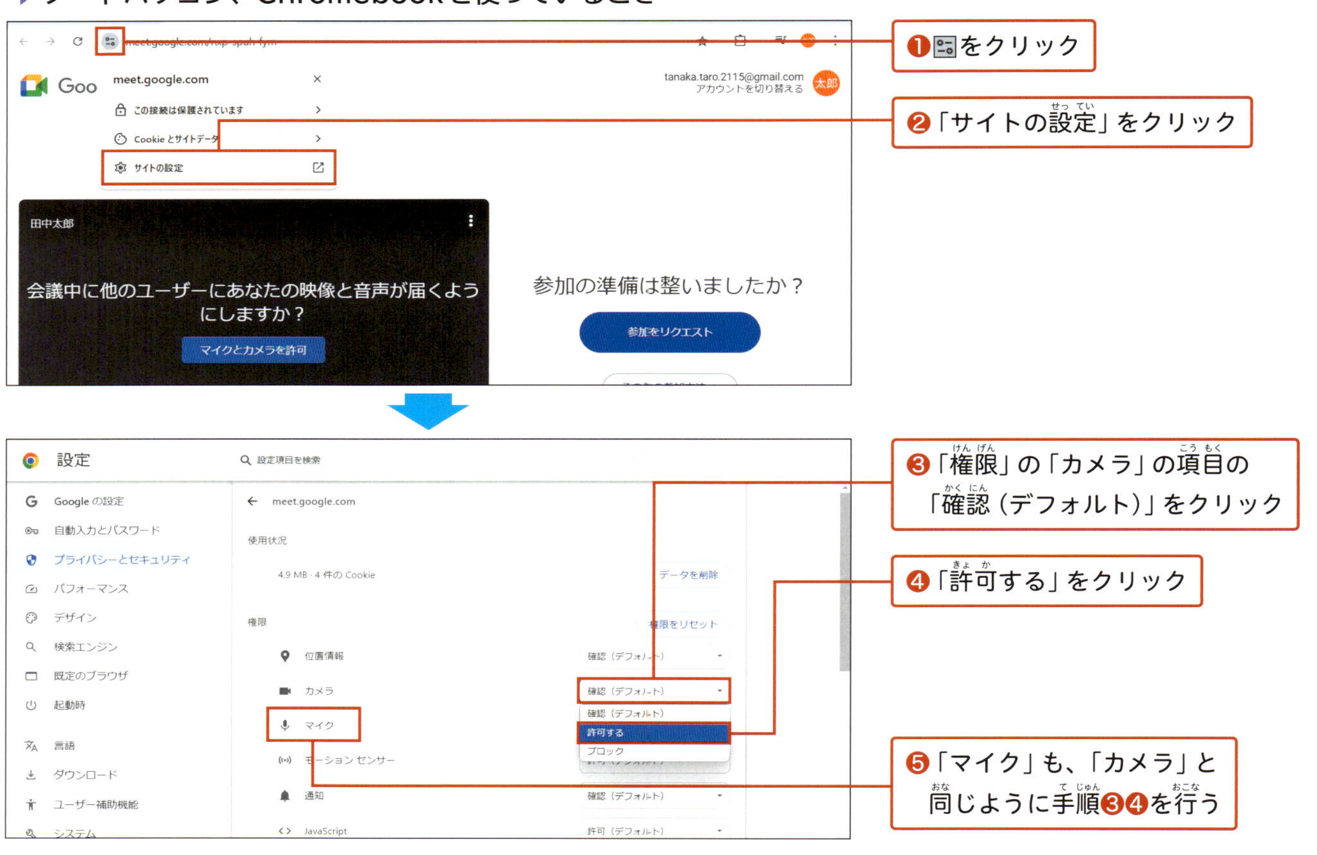

▶タブレット（特にiPad）を使っているとき

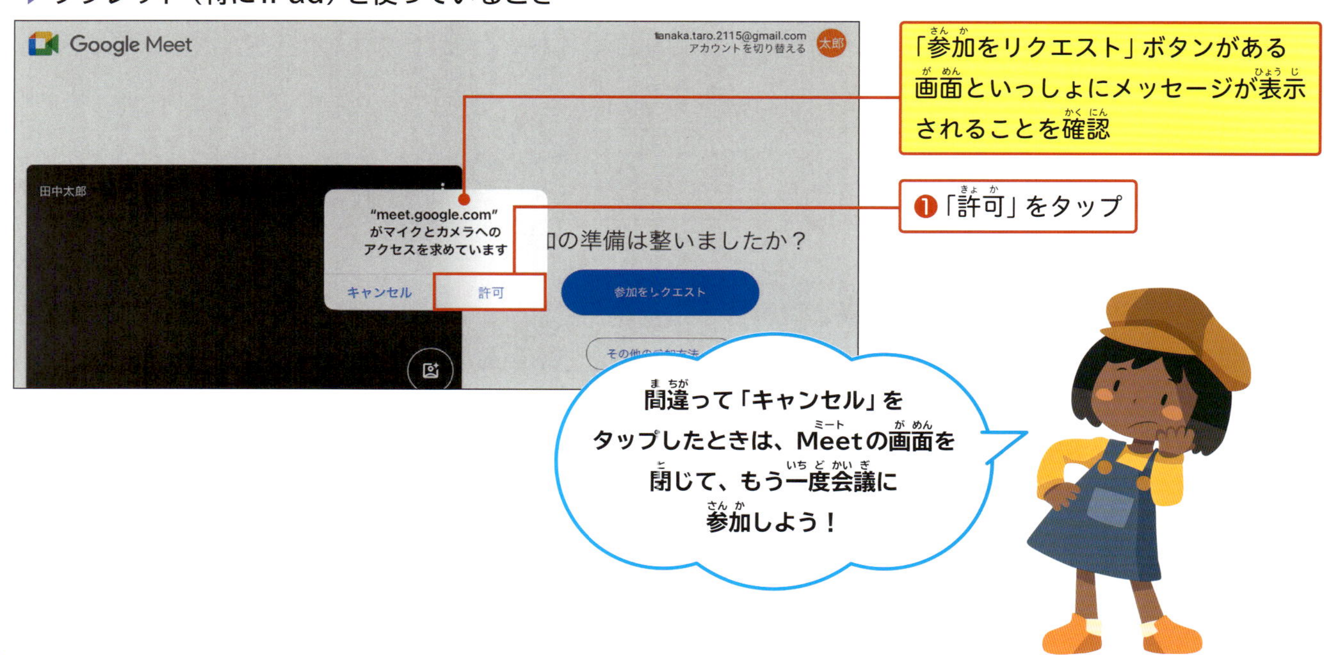

会議中の画面を確認しよう

会議中の画面では、どんなことができるか確認しましょう。ビデオやマイクの設定以外にも、**リアクションの送信**や**全員とチャット**など、話していなくても会話に参加できる機能があります。

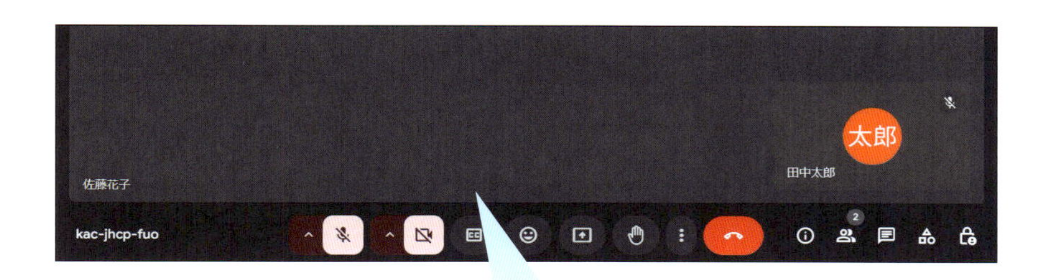

会議中に使う機能を確認しよう！

●マイク・ビデオの設定

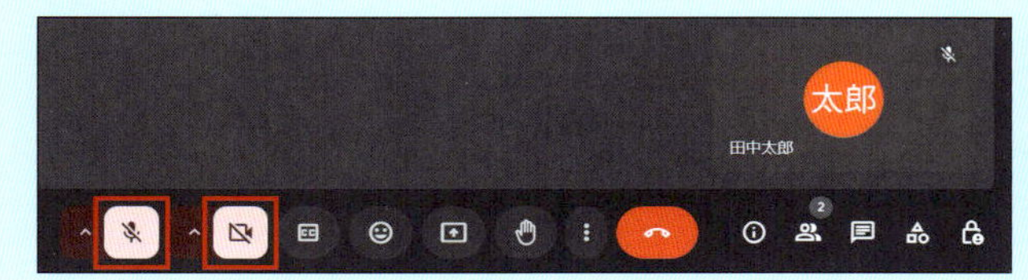

マイクのオン・オフを切り替えたいときは、ビデオのオン・オフを切り替えたいときはをクリック。

●会議からの退出

会議から出たいときは、をクリック。

●リアクションの送信

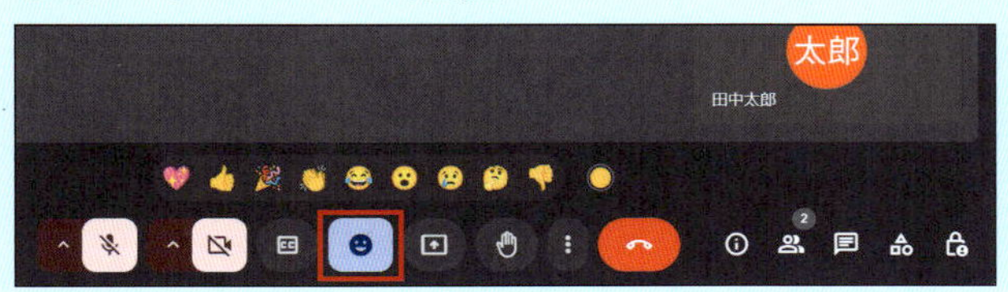

絵文字で自分のリアクションを伝えたいときは、をクリック後、送りたい絵文字をクリック。

●挙手

話したいということを他の人に知らせたいときは、をクリック。

●全員とチャット

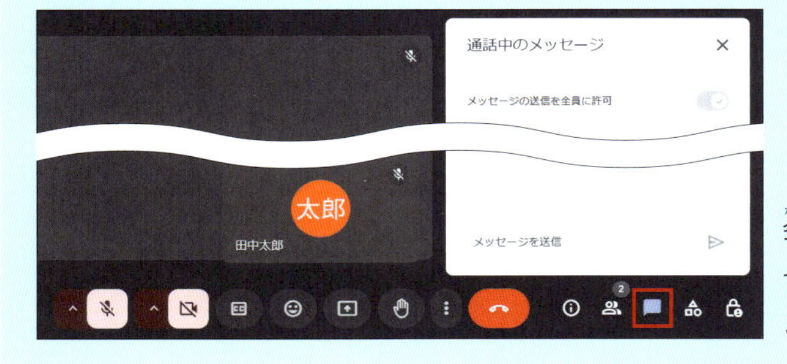

会議中、会議に参加している全員にメッセージを送りたいときは、をクリック。ここからメッセージを送ることができる。

予定を登録しよう

Google カレンダー(以下、カレンダー)は紙のカレンダーやスケジュール帳のように、予定を書き込めます。また、Classroomで参加しているクラスの課題や質問の締め切りも表示されるため、自分の予定と一緒に、クラスの予定も確認することができます。

予定を登録しよう

ここでは、カレンダーの日時をクリックして、予定を登録する方法を紹介します。また、クラスの予定を確認する方法と、クラスの予定をクリックしたときの画面についても説明します。カレンダーに予定を登録して、自分のスケジュールを確認できるようになりましょう！

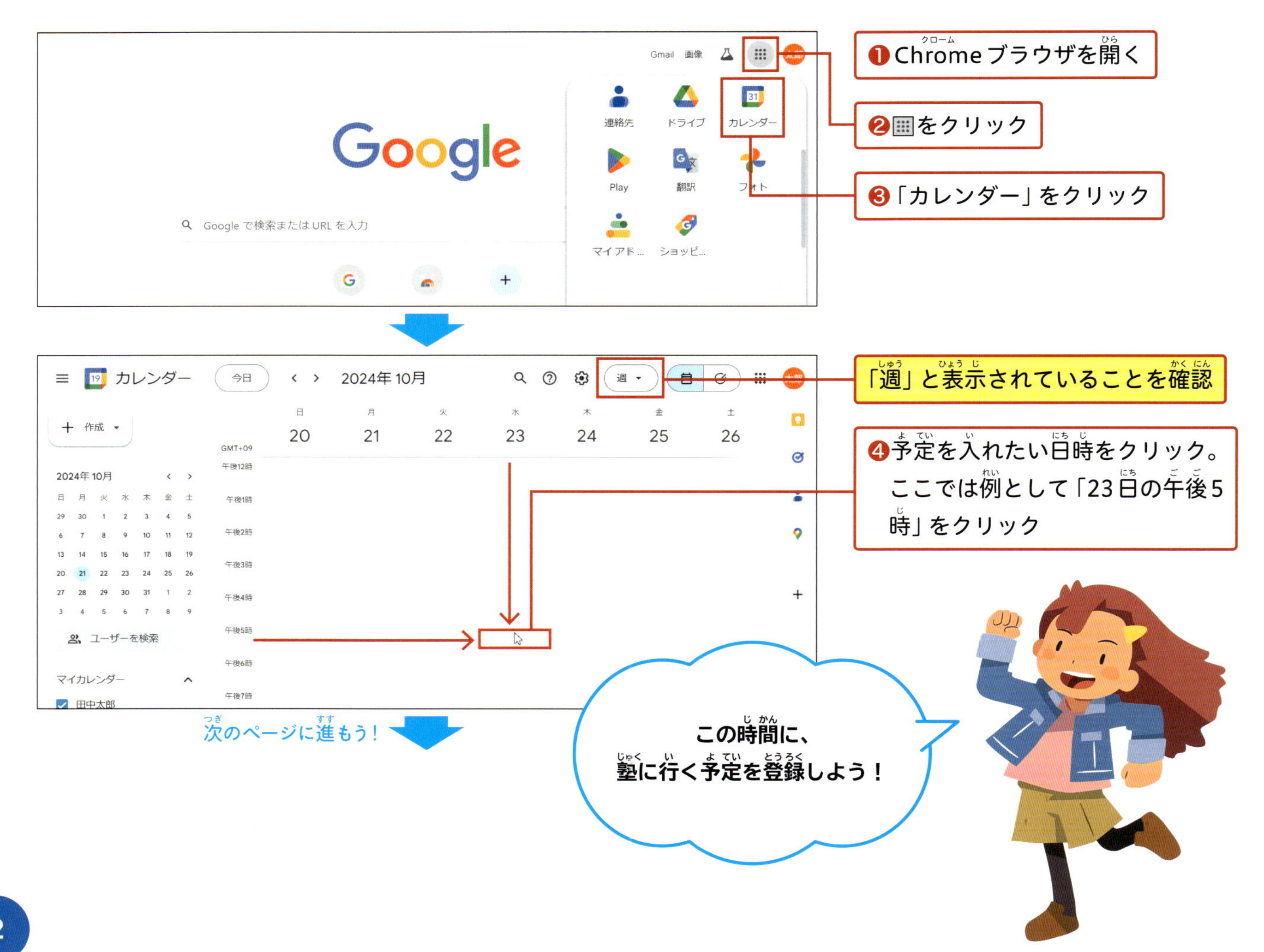

次のページに進もう！

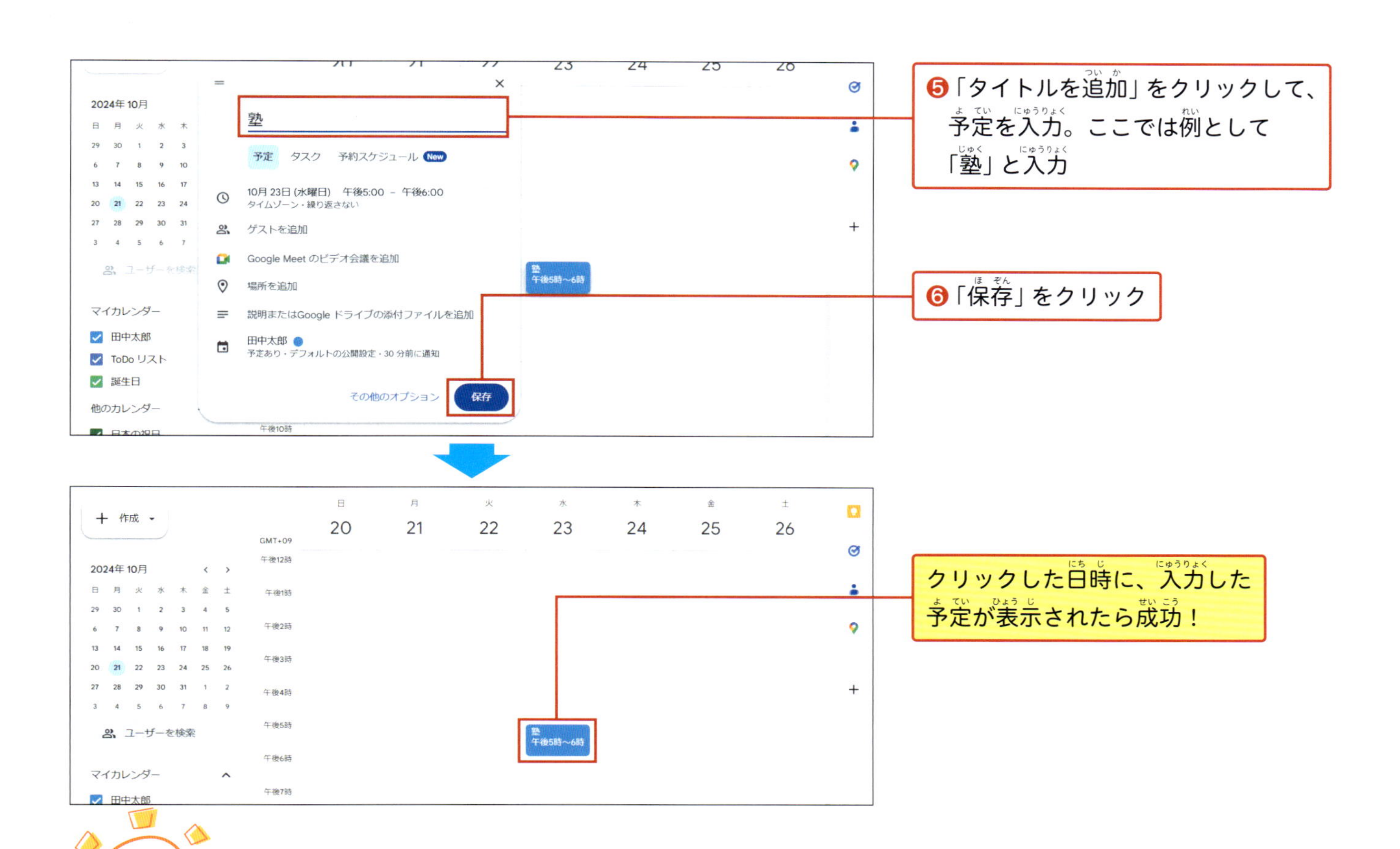

ヒント クラスの予定を確認しよう！

Classroomで出されたクラスの課題や質問の締め切りの予定をカレンダーで確認しましょう。締め切りは、カレンダーの画面の左に表示されているクラスの名前と同じ色で登録されています。

● クラスの予定をクリックしてみよう！

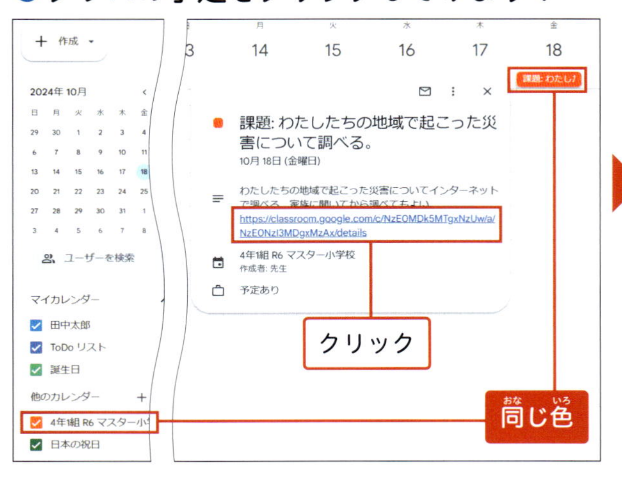

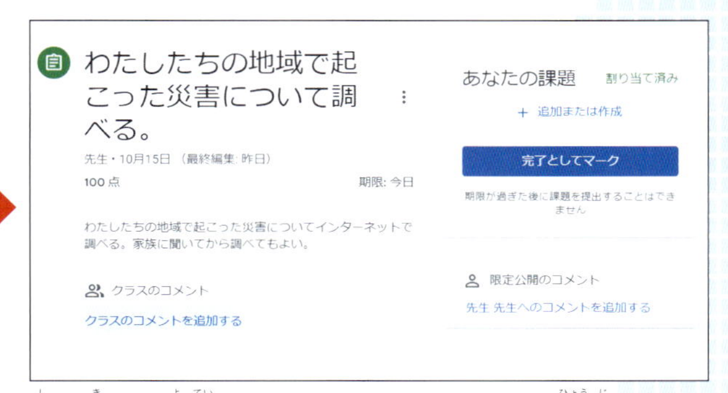

締め切りの予定をクリックすると、リンクが表示される。そのリンクをクリックすると、Classroomの画面が表示され、課題を提出したり、質問に回答したりできる。

写真を撮ろう

端末にはカメラがついており、端末に入っているアプリで写真が撮れます。写真を撮る方法と、撮った写真を見る方法を確認しましょう。また、端末のカメラアプリで撮った写真には注意点があるので、そのことについても確認しておきましょう。

写真を撮ったり、見たりしよう

端末によって、写真を撮るアプリも見るアプリも違います。ここでは、端末ごとの写真の撮り方と、写真を見る方法について紹介します。

▶ ノートパソコンを使っているとき

次のページに進もう！

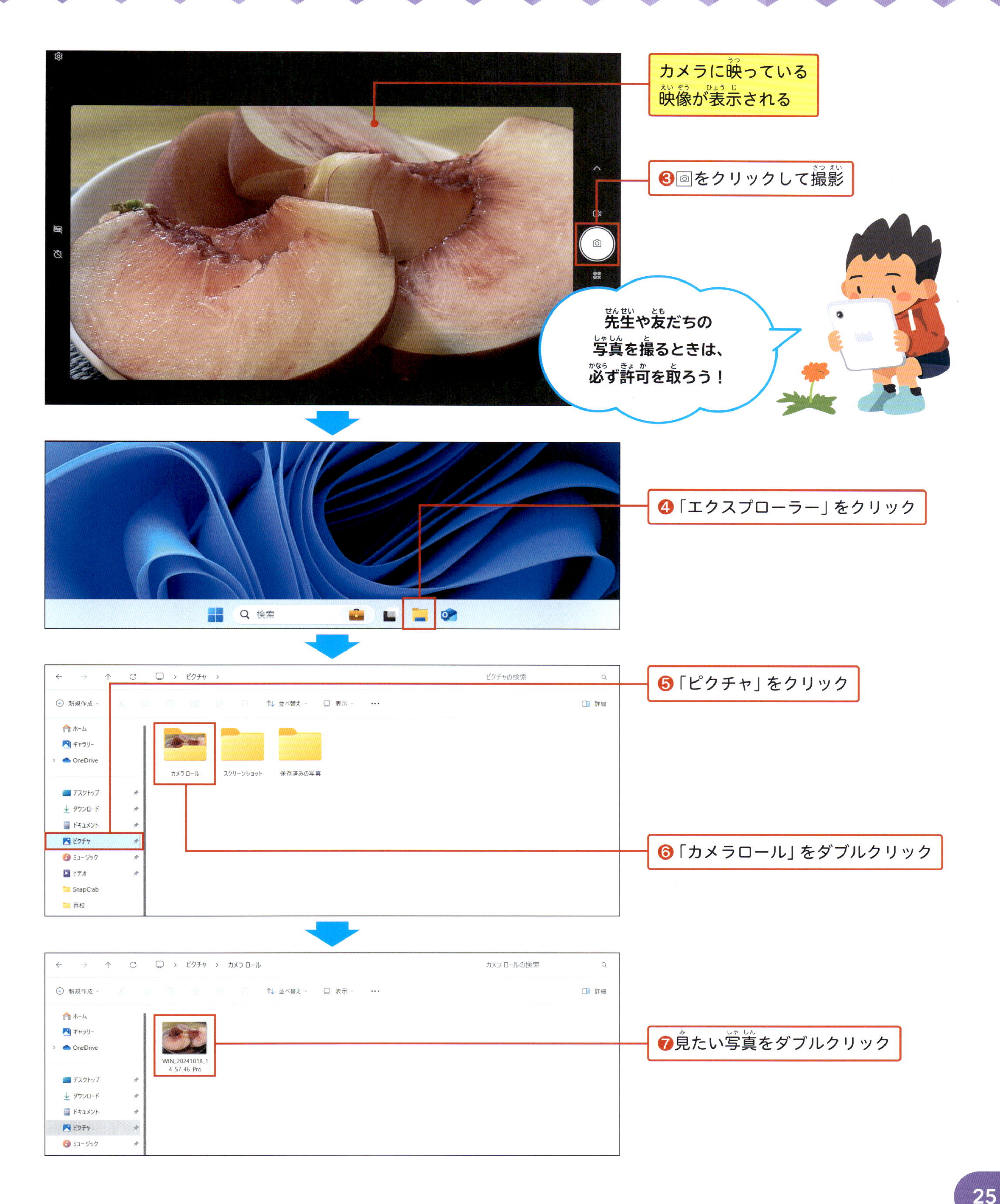
カメラに映っている映像が表示される
❸📷をクリックして撮影
先生や友だちの写真を撮るときは、必ず許可を取ろう！
検索
❹「エクスプローラー」をクリック
ピクチャ
ピクチャの検索
新規作成
並べ替え
表示
詳細
ホーム
ギャラリー
OneDrive
デスクトップ
ダウンロード
ドキュメント
ピクチャ
ミュージック
ビデオ
SnapCrab
再校
カメラロール
スクリーンショット
保存済みの写真
❺「ピクチャ」をクリック
❻「カメラロール」をダブルクリック
カメラロール
カメラロールの検索
WIN_20241018_14_57_46_Pro
❼見たい写真をダブルクリック

▶ Chromebookを使っているとき

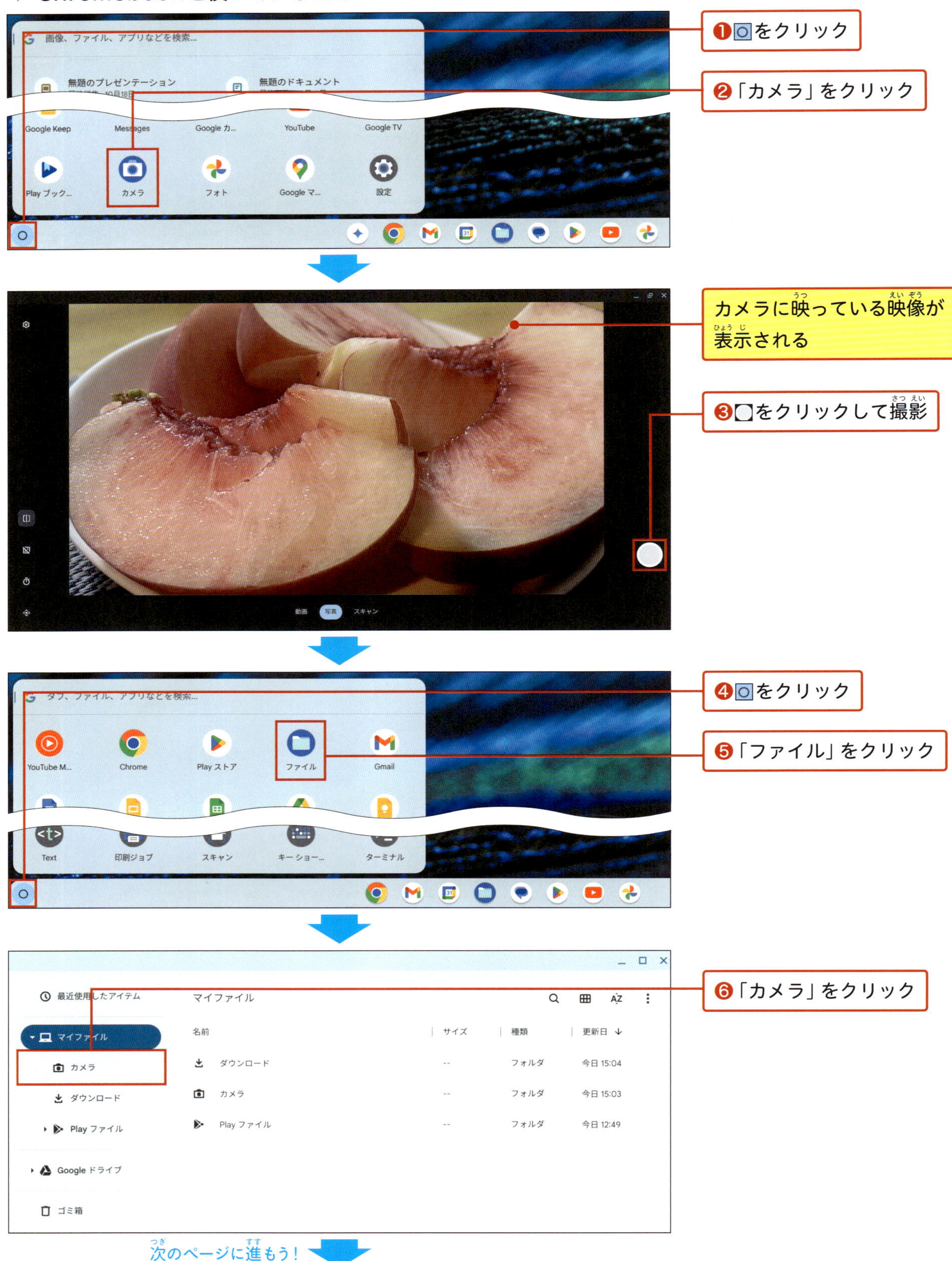

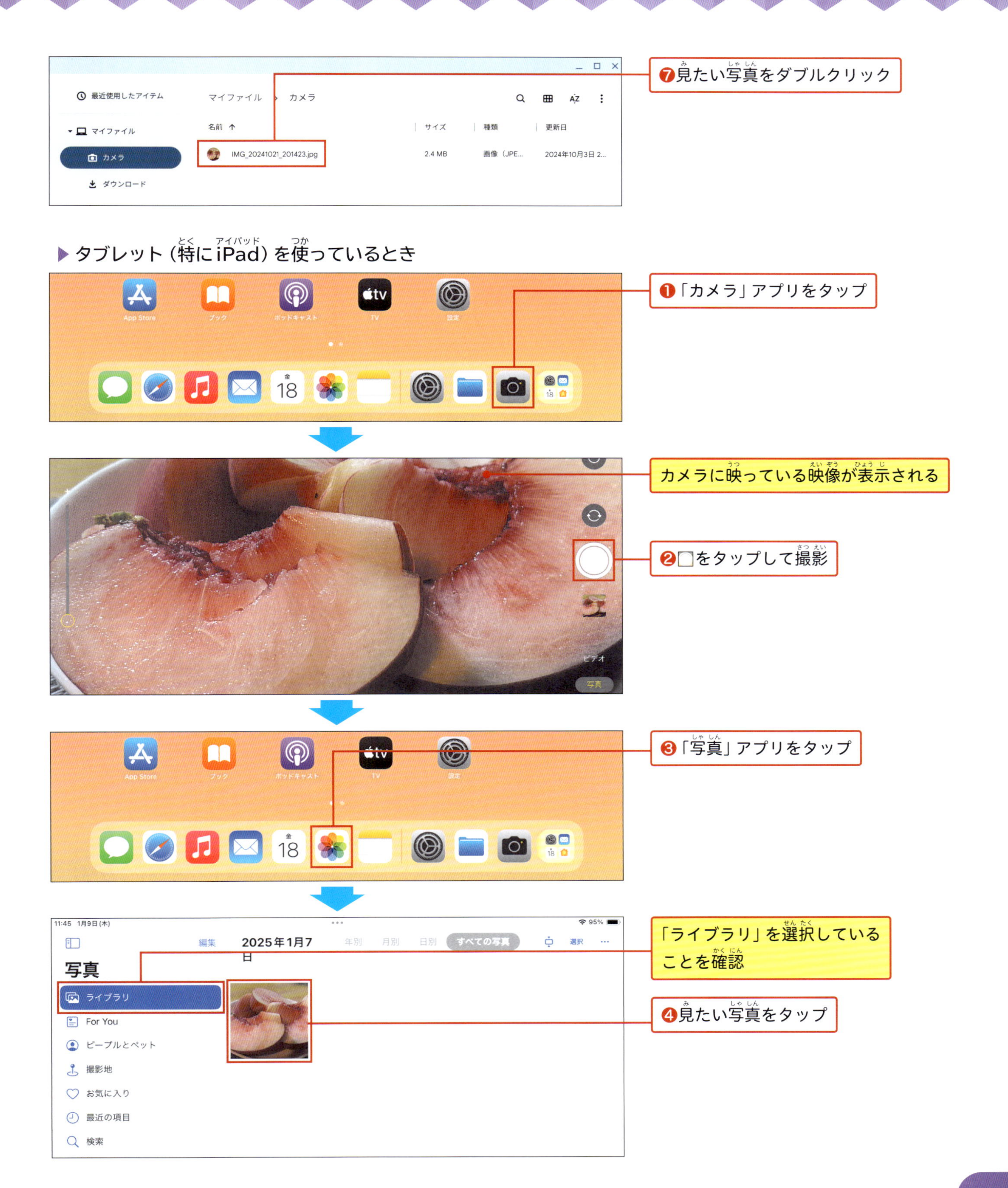
❼見たい写真をダブルクリック
最近使用したアイテム
マイファイル
カメラ
ダウンロード
名前
サイズ
種類
更新日
IMG_20241021_201423.jpg
2.4 MB
画像（JPE...
2024年10月3日 2...
▶ タブレット（特にiPad）を使っているとき
❶「カメラ」アプリをタップ
カメラに映っている映像が表示される
❷◯をタップして撮影
ビデオ
写真
❸「写真」アプリをタップ
「ライブラリ」を選択していることを確認
❹見たい写真をタップ
11:45 1月9日(木)
2025年1月7日
すべての写真
選択
写真
ライブラリ
For You
ピープルとペット
撮影地
お気に入り
最近の項目
検索

端末のカメラアプリで撮った写真の注意点

Google Workspaceアプリで作ったファイル（ドキュメントなど）は、ドライブに保存されます。そのため、どの端末であっても、Google Workspaceにログインすれば見ることができます。一方で、端末のカメラアプリで撮った写真は、端末に保存されるため、違う端末で見ることができません。違う端末でも見たい場合は、ドライブに写真を保存（アップロード）する方法を調べてみましょう。

●いつも使っている端末で見られるものと、違う端末で見られるものの違いを確認しよう！

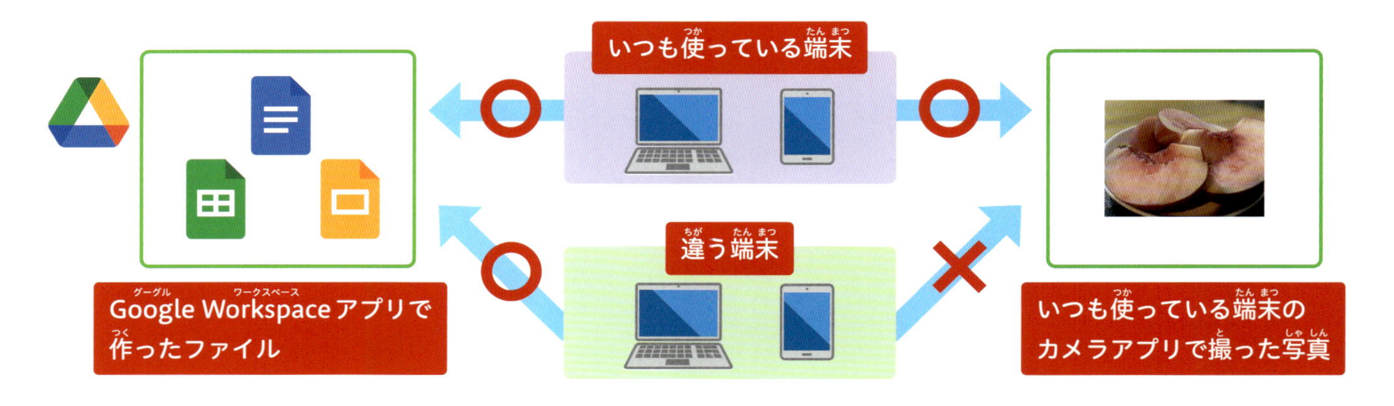

★チャレンジ★ 撮った写真をスライドで使おう

端末のカメラアプリで撮った写真を、スライドで使う方法を確認しましょう。

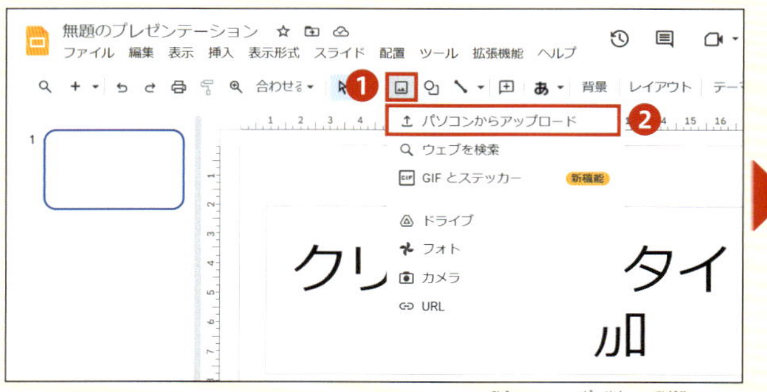

ドライブから、プレゼンテーションを開く。画面の左のスライド一覧で写真を使いたいスライドをクリックし、❶、❷の順にクリック。

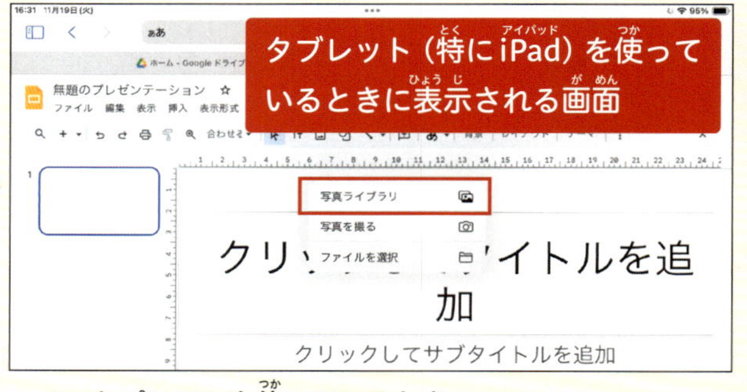

- **ノートパソコンを使っているとき**
  25ページの手順❺～❼を行う。
- **Chromebookを使っているとき**
  26～27ページの手順❻❼を行う。
- **タブレット（特にiPad）を使っているとき**
  「写真ライブラリ」をタップ。表示される写真のうち、使いたい写真をタップした後、「追加」をタップ。

絵を描いてみよう

Chrome 描画キャンバス（以下、描画キャンバス）を使うと、紙に絵を描くのと同じように、タッチパネルで絵を描くことができます。描画キャンバスで絵を描く方法と、描いた絵を確認する方法を覚えましょう！

描画キャンバスを使って絵を描こう

まずは、描画キャンバスを開いてみましょう。描画キャンバスの開き方は、ChromebookとChromebook以外の端末で方法が違います。みなさんの端末にあった方法で描画キャンバスを開いて、絵を描いてみましょう！

▶ ノートパソコン、またはタブレット（特にiPad）を使っているとき

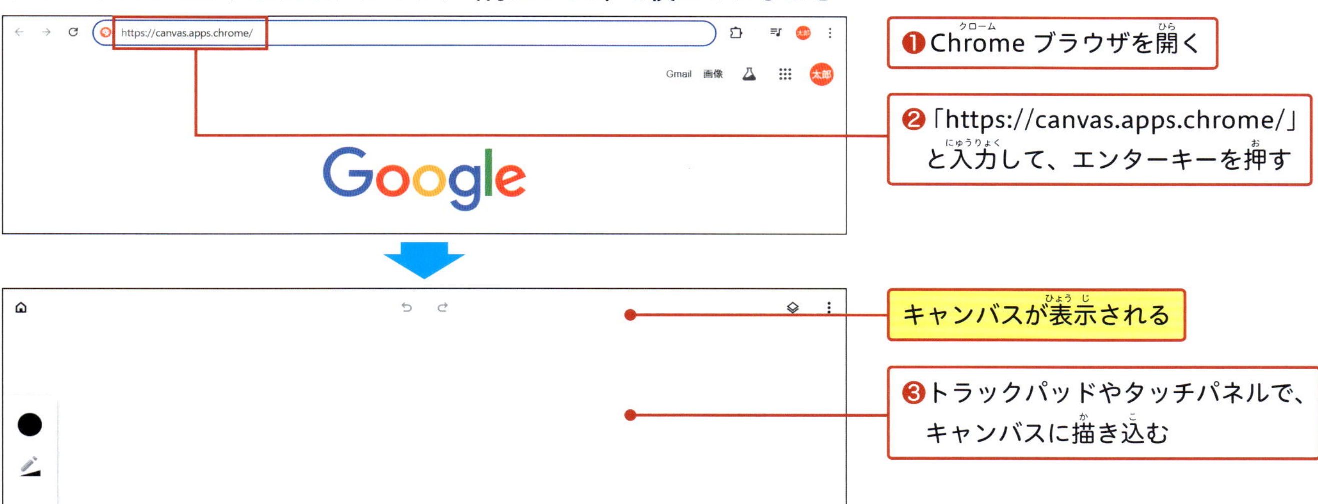

▶ Chromebookを使っているとき

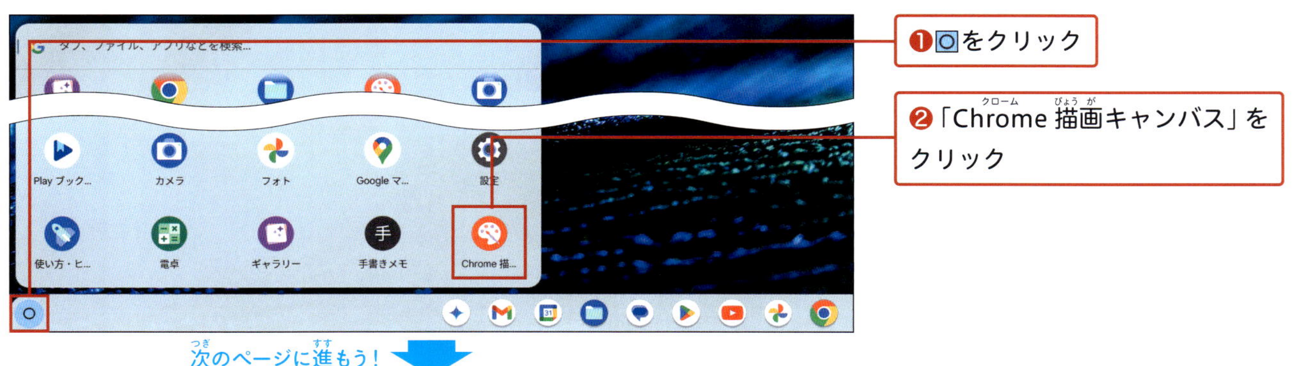

次のページに進もう！

キャンバスの画面を確認しよう！

描画キャンバスでどんなことができるか確認しよう！

❶ペンの種類や色、太さ、透明度を変える

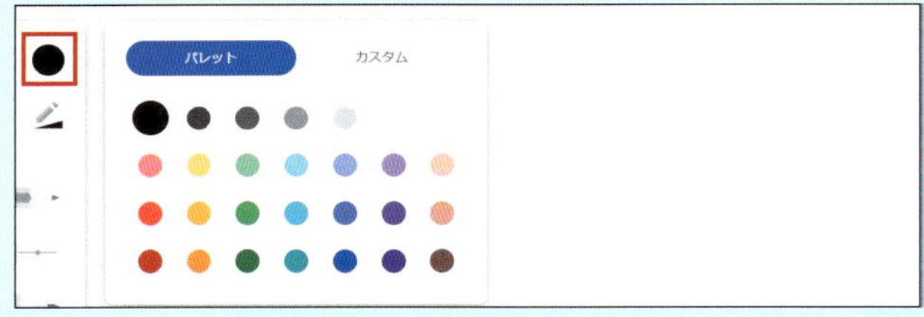

ペンをクリックして種類を変える。また、●をクリックして色を選ぶ。

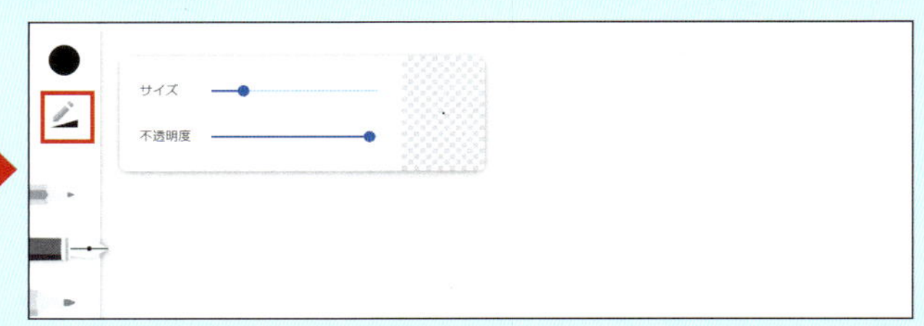

をクリックして、「サイズ」でペンの太さを、「不透明度」で色の透明度を変える。

❷元に戻したり、進めたりする

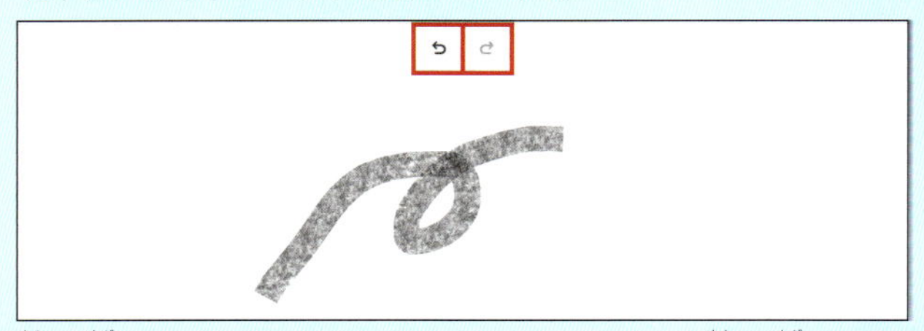

元に戻したいときは、をクリック。また、元に戻したものを進めたいときは、をクリック。

❸背景色を設定する

、の順にクリックすると、ペンの色を選ぶときと同じように、背景の色を選ぶことができる。

描いた絵を見てみよう

ここでは、描画キャンバスで描いた絵を確認する方法を紹介します。描いた絵は、みなさんのアカウントに保存されるため、描画キャンバスを開くと、今まで描いた絵を確認することができます。

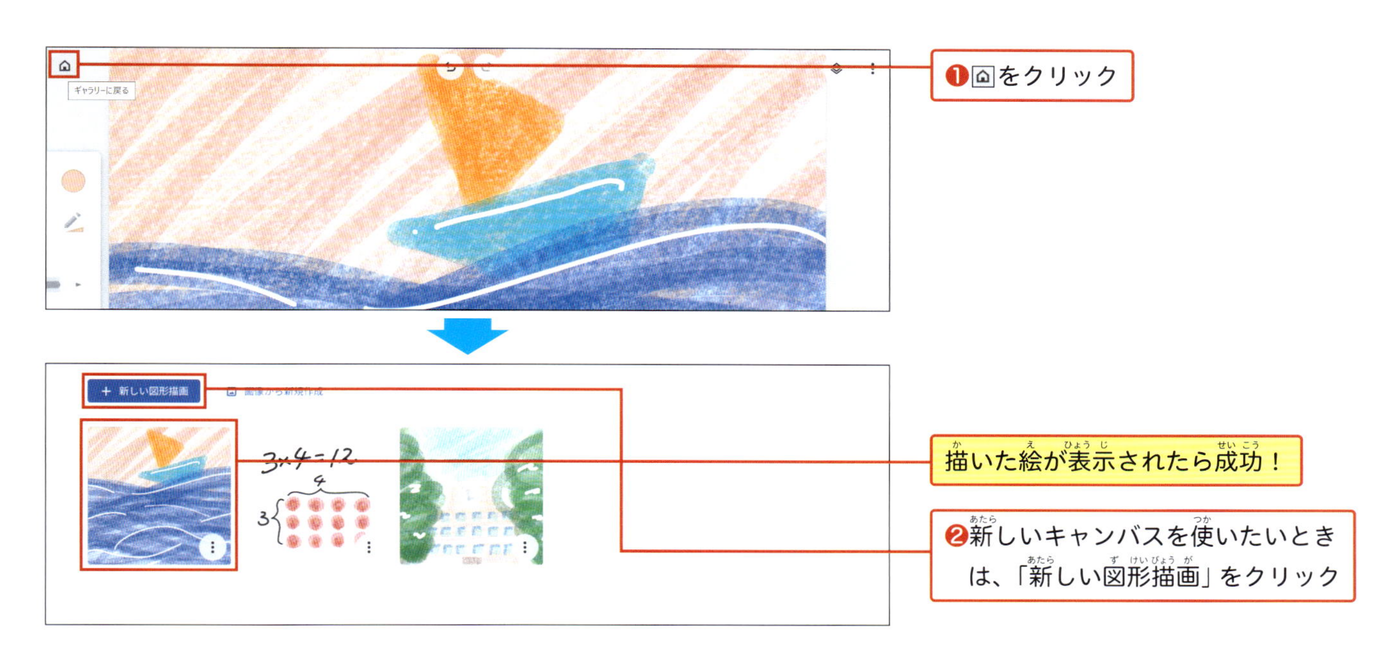

★チャレンジ★ レイヤを使ってみよう

レイヤはキャンバスと同じ大きさの透明なシートのようなもので、キャンバスに重ねて絵を描くことができます。例えば、下の絵は黒い線の部分と、赤い丸の部分が別のレイヤに描かれています。レイヤを使うと、黒い線の部分だけ大きさや位置を変えたり、見えないようにしたり、消したりできます。

● レイヤの使い方を確認しよう！

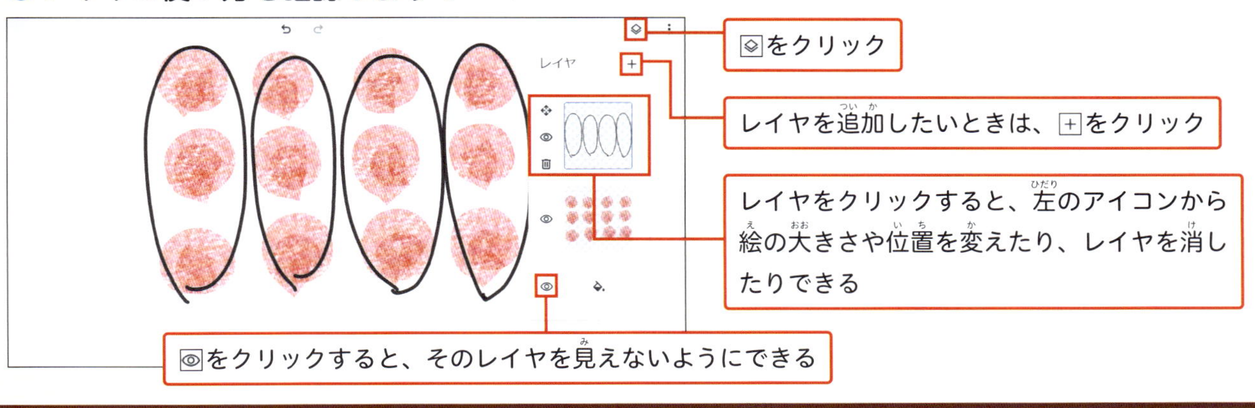